# Control de pedidos, órdenes de trabajo y control de cobros

## Controla tu día a día

Controla el día a día de tus ventas, ordenes de trabajo y cobros fácilmente con las fichas que encontrarás en el interior. Todo en la misma libreta de control.

# PEDIDO

"Referencia"

"Nombre"

"Dirección"

"Ciudad"

"Provincia"

"Codigo Postal"

"Telefóno"

"Email"

| PEDIDO |
| --- |

| Fecha de Pedido |
| --- |
| Número de Pedido |
| Comercial |
| Número de Cliente |
| Metodo de Pago |
| Terminos de Pedido |
| Enviar Via |
| Fecha de Envio |

ENVIAR PEDIDO A

| Pedido | Cantidad | Descripción de Pedido | Cantidad de Unidad | Precio por Unidad | Precio |
| --- | --- | --- | --- | --- | --- |
| 1 | | | | | |
| 2 | | | | | |
| 3 | | | | | |
| 4 | | | | | |
| 5 | | | | | |
| 6 | | | | | |
| 7 | | | | | |
| 8 | | | | | |
| 9 | | | | | |
| 10 | | | | | |
| | | | | Subtotal | |
| | | | | "%" IVA | |
| | | | | Total | |

# PEDIDO

"Referencia"

"Nombre"

"Dirección"

"Ciudad"

"Provincia"

"Codigo Postal"

"Telefóno"

"Email"

PEDIDO

ENVIAR PEDIDO A

Fecha de Pedido
Número de Pedido
Comercial
Número de Cliente
Metodo de Pago
Terminos de Pedido
Enviar Via
Fecha de Envio

| Pedido | Cantidad | Descripción de Pedido | Cantidad de Unidad | Precio por Unidad | Precio |
|---|---|---|---|---|---|
| 1 | | | | | |
| 2 | | | | | |
| 3 | | | | | |
| 4 | | | | | |
| 5 | | | | | |
| 6 | | | | | |
| 7 | | | | | |
| 8 | | | | | |
| 9 | | | | | |
| 10 | | | | | |
| | | | | Subtotal | |
| | | | | "%" IVA | |
| | | | | Total | |

# PEDIDO

"Referencia"

"Nombre"

"Dirección"

"Ciudad"

"Provincia"

"Codigo Postal"

"Telefóno"

"Email"

PEDIDO

ENVIAR PEDIDO A

Fecha de Pedido
Número de Pedido
Comercial
Número de Cliente
Metodo de Pago
Terminos de Pedido
Enviar Via
Fecha de Envio

| Pedido | Cantidad | Descripción de Pedido | Cantidad de Unidad | Precio por Unidad | Precio |
|---|---|---|---|---|---|
| 1 | | | | | |
| 2 | | | | | |
| 3 | | | | | |
| 4 | | | | | |
| 5 | | | | | |
| 6 | | | | | |
| 7 | | | | | |
| 8 | | | | | |
| 9 | | | | | |
| 10 | | | | | |
| | | | | Subtotal | |
| | | | | "%" IVA | |
| | | | | Total | |

# PEDIDO

"Referencia"

"Nombre"

"Dirección"

"Ciudad"

"Provincia"

"Codigo Postal"

"Telefóno"

"Email"

PEDIDO

ENVIAR PEDIDO A

Fecha de Pedido
Número de Pedido
Comercial
Número de Cliente
Metodo de Pago
Terminos de Pedido
Enviar Via
Fecha de Envio

| Pedido | Cantidad | Descripción de Pedido | Cantidad de Unidad | Precio por Unidad | Precio |
|---|---|---|---|---|---|
| 1 | | | | | |
| 2 | | | | | |
| 3 | | | | | |
| 4 | | | | | |
| 5 | | | | | |
| 6 | | | | | |
| 7 | | | | | |
| 8 | | | | | |
| 9 | | | | | |
| 10 | | | | | |
| | | | | Subtotal | |
| | | | | "%" IVA | |
| | | | | Total | |

# PEDIDO

"Referencia"

"Nombre"

"Dirección"

"Ciudad"

"Provincia"

"Codigo Postal"

"Telefóno"

"Email"

PEDIDO

ENVIAR PEDIDO A

Fecha de Pedido
Número de Pedido
Comercial
Número de Cliente
Metodo de Pago
Terminos de Pedido
Enviar Via
Fecha de Envio

| Pedido | Cantidad | Descripción de Pedido | Cantidad de Unidad | Precio por Unidad | Precio |
|---|---|---|---|---|---|
| 1 | | | | | |
| 2 | | | | | |
| 3 | | | | | |
| 4 | | | | | |
| 5 | | | | | |
| 6 | | | | | |
| 7 | | | | | |
| 8 | | | | | |
| 9 | | | | | |
| 10 | | | | | |
| | | | | Subtotal | |
| | | | | "%" IVA | |
| | | | | Total | |

# PEDIDO

"Referencia"

"Nombre"

"Dirección"

"Ciudad"

"Provincia"

"Codigo Postal"

"Telefóno"

"Email"

PEDIDO

ENVIAR PEDIDO A

Fecha de Pedido
Número de Pedido
Comercial
Número de Cliente
Metodo de Pago
Terminos de Pedido
Enviar Via
Fecha de Envio

| Pedido | Cantidad | Descripción de Pedido | Cantidad de Unidad | Precio por Unidad | Precio |
|---|---|---|---|---|---|
| 1 | | | | | |
| 2 | | | | | |
| 3 | | | | | |
| 4 | | | | | |
| 5 | | | | | |
| 6 | | | | | |
| 7 | | | | | |
| 8 | | | | | |
| 9 | | | | | |
| 10 | | | | | |
| | | | | Subtotal | |
| | | | | "%" IVA | |
| | | | | Total | |

# PEDIDO

"Referencia"

"Nombre"

"Dirección"

"Ciudad"

"Provincia"

"Codigo Postal"

"Telefóno"

"Email"

PEDIDO

ENVIAR PEDIDO A

Fecha de Pedido
Número de Pedido
Comercial
Número de Cliente
Metodo de Pago
Terminos de Pedido
Enviar Via
Fecha de Envio

| Pedido | Cantidad | Descripción de Pedido | Cantidad de Unidad | Precio por Unidad | Precio |
|---|---|---|---|---|---|
| 1 | | | | | |
| 2 | | | | | |
| 3 | | | | | |
| 4 | | | | | |
| 5 | | | | | |
| 6 | | | | | |
| 7 | | | | | |
| 8 | | | | | |
| 9 | | | | | |
| 10 | | | | | |

Subtotal

"%" IVA

Total

# PEDIDO

"Referencia"

"Nombre"

"Dirección"

"Ciudad"

"Provincia"

"Codigo Postal"

"Telefóno"

"Email"

**PEDIDO**

**ENVIAR PEDIDO A**

Fecha de Pedido
Número de Pedido
Comercial
Número de Cliente
Metodo de Pago
Terminos de Pedido
Enviar Via
Fecha de Envio

| Pedido | Cantidad | Descripción de Pedido | Cantidad de Unidad | Precio por Unidad | Precio |
|---|---|---|---|---|---|
| 1 | | | | | |
| 2 | | | | | |
| 3 | | | | | |
| 4 | | | | | |
| 5 | | | | | |
| 6 | | | | | |
| 7 | | | | | |
| 8 | | | | | |
| 9 | | | | | |
| 10 | | | | | |
| | | | | Subtotal | |
| | | | | "%" IVA | |
| | | | | Total | |

# PEDIDO

"Referencia"

"Nombre"

"Dirección"

"Ciudad"

"Provincia"

"Codigo Postal"

"Telefóno"

"Email"

PEDIDO

ENVIAR PEDIDO A

Fecha de Pedido
Número de Pedido
Comercial
Número de Cliente
Metodo de Pago
Terminos de Pedido
Enviar Via
Fecha de Envio

| Pedido | Cantidad | Descripción de Pedido | Cantidad de Unidad | Precio por Unidad | Precio |
|--------|----------|-----------------------|--------------------|-------------------|--------|
| 1 | | | | | |
| 2 | | | | | |
| 3 | | | | | |
| 4 | | | | | |
| 5 | | | | | |
| 6 | | | | | |
| 7 | | | | | |
| 8 | | | | | |
| 9 | | | | | |
| 10 | | | | | |
| | | | | Subtotal | |
| | | | | "%" IVA | |
| | | | | Total | |

# PEDIDO

"Referencia"

"Nombre"

"Dirección"

"Ciudad"

"Provincia"

"Codigo Postal"

"Telefóno"

"Email"

PEDIDO

ENVIAR PEDIDO A

Fecha de Pedido
Número de Pedido
Comercial
Número de Cliente
Metodo de Pago
Terminos de Pedido
Enviar Via
Fecha de Envio

| Pedido | Cantidad | Descripción de Pedido | Cantidad de Unidad | Precio por Unidad | Precio |
|---|---|---|---|---|---|
| 1 | | | | | |
| 2 | | | | | |
| 3 | | | | | |
| 4 | | | | | |
| 5 | | | | | |
| 6 | | | | | |
| 7 | | | | | |
| 8 | | | | | |
| 9 | | | | | |
| 10 | | | | | |
| | | | | Subtotal | |
| | | | | "%" IVA | |
| | | | | Total | |

# PEDIDO

"Referencia"

"Nombre"

"Dirección"

"Ciudad"

"Provincia"

"Codigo Postal"

"Telefóno"

"Email"

PEDIDO

ENVIAR PEDIDO A

Fecha de Pedido
Número de Pedido
Comercial
Número de Cliente
Metodo de Pago
Terminos de Pedido
Enviar Via
Fecha de Envio

| Pedido | Cantidad | Descripción de Pedido | Cantidad de Unidad | Precio por Unidad | Precio |
|---|---|---|---|---|---|
| 1 | | | | | |
| 2 | | | | | |
| 3 | | | | | |
| 4 | | | | | |
| 5 | | | | | |
| 6 | | | | | |
| 7 | | | | | |
| 8 | | | | | |
| 9 | | | | | |
| 10 | | | | | |
| | | | | Subtotal | |
| | | | | "%" IVA | |
| | | | | Total | |

# PEDIDO

"Referencia"

"Nombre"

"Dirección"

"Ciudad"

"Provincia"

"Codigo Postal"

"Telefóno"

"Email"

PEDIDO

ENVIAR PEDIDO A

Fecha de Pedido
Número de Pedido
Comercial
Número de Cliente
Metodo de Pago
Terminos de Pedido
Enviar Via
Fecha de Envio

| Pedido | Cantidad | Descripción de Pedido | Cantidad de Unidad | Precio por Unidad | Precio |
|---|---|---|---|---|---|
| 1 | | | | | |
| 2 | | | | | |
| 3 | | | | | |
| 4 | | | | | |
| 5 | | | | | |
| 6 | | | | | |
| 7 | | | | | |
| 8 | | | | | |
| 9 | | | | | |
| 10 | | | | | |
| | | | | Subtotal | |
| | | | | "%" IVA | |
| | | | | Total | |

# PEDIDO

"Referencia"

"Nombre"

"Dirección"

"Ciudad"

"Provincia"

"Codigo Postal"

"Telefóno"

"Email"

PEDIDO

ENVIAR PEDIDO A

Fecha de Pedido
Número de Pedido
Comercial
Número de Cliente
Metodo de Pago
Terminos de Pedido
Enviar Via
Fecha de Envio

| Pedido | Cantidad | Descripción de Pedido | Cantidad de Unidad | Precio por Unidad | Precio |
|---|---|---|---|---|---|
| 1 | | | | | |
| 2 | | | | | |
| 3 | | | | | |
| 4 | | | | | |
| 5 | | | | | |
| 6 | | | | | |
| 7 | | | | | |
| 8 | | | | | |
| 9 | | | | | |
| 10 | | | | | |
| | | | | Subtotal | |
| | | | | "%" IVA | |
| | | | | Total | |

# PEDIDO

"Referencia"

"Nombre"

"Dirección"

"Ciudad"

"Provincia"

"Codigo Postal"

"Telefóno"

"Email"

**PEDIDO**

**ENVIAR PEDIDO A**

Fecha de Pedido
Número de Pedido
Comercial
Número de Cliente
Metodo de Pago
Terminos de Pedido
Enviar Via
Fecha de Envio

| Pedido | Cantidad | Descripción de Pedido | Cantidad de Unidad | Precio por Unidad | Precio |
|---|---|---|---|---|---|
| 1 | | | | | |
| 2 | | | | | |
| 3 | | | | | |
| 4 | | | | | |
| 5 | | | | | |
| 6 | | | | | |
| 7 | | | | | |
| 8 | | | | | |
| 9 | | | | | |
| 10 | | | | | |
| | | | | Subtotal | |
| | | | | "%" IVA | |
| | | | | Total | |

# PEDIDO

"Referencia"

"Nombre"

"Dirección"

"Ciudad"

"Provincia"

"Codigo Postal"

"Telefóno"

"Email"

PEDIDO

ENVIAR PEDIDO A

Fecha de Pedido
Número de Pedido
Comercial
Número de Cliente
Metodo de Pago
Terminos de Pedido
Enviar Via
Fecha de Envio

| Pedido | Cantidad | Descripción de Pedido | Cantidad de Unidad | Precio por Unidad | Precio |
|---|---|---|---|---|---|
| 1 | | | | | |
| 2 | | | | | |
| 3 | | | | | |
| 4 | | | | | |
| 5 | | | | | |
| 6 | | | | | |
| 7 | | | | | |
| 8 | | | | | |
| 9 | | | | | |
| 10 | | | | | |
| | | | | Subtotal | |
| | | | | "%" IVA | |
| | | | | Total | |

# PEDIDO

"Referencia"

"Nombre"

"Dirección"

"Ciudad"

"Provincia"

"Codigo Postal"

"Telefóno"

"Email"

PEDIDO

ENVIAR PEDIDO A

Fecha de Pedido
Número de Pedido
Comercial
Número de Cliente
Metodo de Pago
Terminos de Pedido
Enviar Via
Fecha de Envio

| Pedido | Cantidad | Descripción de Pedido | Cantidad de Unidad | Precio por Unidad | Precio |
|--------|----------|-----------------------|--------------------|-------------------|--------|
| 1 | | | | | |
| 2 | | | | | |
| 3 | | | | | |
| 4 | | | | | |
| 5 | | | | | |
| 6 | | | | | |
| 7 | | | | | |
| 8 | | | | | |
| 9 | | | | | |
| 10 | | | | | |
| | | | | Subtotal | |
| | | | | "%" IVA | |
| | | | | Total | |

# PEDIDO

"Referencia"

"Nombre"

"Dirección"

"Ciudad"

"Provincia"

"Codigo Postal"

"Telefóno"

"Email"

PEDIDO

ENVIAR PEDIDO A

Fecha de Pedido
Número de Pedido
Comercial
Número de Cliente
Metodo de Pago
Terminos de Pedido
Enviar Via
Fecha de Envio

| Pedido | Cantidad | Descripción de Pedido | Cantidad de Unidad | Precio por Unidad | Precio |
|---|---|---|---|---|---|
| 1 | | | | | |
| 2 | | | | | |
| 3 | | | | | |
| 4 | | | | | |
| 5 | | | | | |
| 6 | | | | | |
| 7 | | | | | |
| 8 | | | | | |
| 9 | | | | | |
| 10 | | | | | |
| | | | | Subtotal | |
| | | | | "%" IVA | |
| | | | | Total | |

# PEDIDO

"Referencia"

"Nombre"

"Dirección"

"Ciudad"

"Provincia"

"Codigo Postal"

"Telefóno"

"Email"

PEDIDO

ENVIAR PEDIDO A

Fecha de Pedido
Número de Pedido
Comercial
Número de Cliente
Metodo de Pago
Terminos de Pedido
Enviar Via
Fecha de Envio

| Pedido | Cantidad | Descripción de Pedido | Cantidad de Unidad | Precio por Unidad | Precio |
|---|---|---|---|---|---|
| 1 | | | | | |
| 2 | | | | | |
| 3 | | | | | |
| 4 | | | | | |
| 5 | | | | | |
| 6 | | | | | |
| 7 | | | | | |
| 8 | | | | | |
| 9 | | | | | |
| 10 | | | | | |
| | | | | Subtotal | |
| | | | | "%" IVA | |
| | | | | Total | |

# PEDIDO

"Referencia"

"Nombre"

"Dirección"

"Ciudad"

"Provincia"

"Codigo Postal"

"Telefóno"

"Email"

PEDIDO

ENVIAR PEDIDO A

Fecha de Pedido
Número de Pedido
Comercial
Número de Cliente
Metodo de Pago
Terminos de Pedido
Enviar Via
Fecha de Envio

| Pedido | Cantidad | Descripción de Pedido | Cantidad de Unidad | Precio por Unidad | Precio |
|---|---|---|---|---|---|
| 1 | | | | | |
| 2 | | | | | |
| 3 | | | | | |
| 4 | | | | | |
| 5 | | | | | |
| 6 | | | | | |
| 7 | | | | | |
| 8 | | | | | |
| 9 | | | | | |
| 10 | | | | | |
| | | | | Subtotal | |
| | | | | "%" IVA | |
| | | | | Total | |

# PEDIDO

"Referencia"

"Nombre"

"Dirección"

"Ciudad"

"Provincia"

"Codigo Postal"

"Telefóno"

"Email"

PEDIDO

ENVIAR PEDIDO A

Fecha de Pedido
Número de Pedido
Comercial
Número de Cliente
Metodo de Pago
Terminos de Pedido
Enviar Via
Fecha de Envio

| Pedido | Cantidad | Descripción de Pedido | Cantidad de Unidad | Precio por Unidad | Precio |
|---|---|---|---|---|---|
| 1 | | | | | |
| 2 | | | | | |
| 3 | | | | | |
| 4 | | | | | |
| 5 | | | | | |
| 6 | | | | | |
| 7 | | | | | |
| 8 | | | | | |
| 9 | | | | | |
| 10 | | | | | |
| | | | | Subtotal | |
| | | | | "%" IVA | |
| | | | | Total | |

# PEDIDO

"Referencia"

"Nombre"

"Dirección"

"Ciudad"

"Provincia"

"Codigo Postal"

"Telefóno"

"Email"

PEDIDO

ENVIAR PEDIDO A

Fecha de Pedido
Número de Pedido
Comercial
Número de Cliente
Metodo de Pago
Terminos de Pedido
Enviar Via
Fecha de Envio

| Pedido | Cantidad | Descripción de Pedido | Cantidad de Unidad | Precio por Unidad | Precio |
|---|---|---|---|---|---|
| 1 | | | | | |
| 2 | | | | | |
| 3 | | | | | |
| 4 | | | | | |
| 5 | | | | | |
| 6 | | | | | |
| 7 | | | | | |
| 8 | | | | | |
| 9 | | | | | |
| 10 | | | | | |
| | | | | Subtotal | |
| | | | | "%" IVA | |
| | | | | Total | |

# PEDIDO

"Referencia"

"Nombre"

"Dirección"

"Ciudad"

"Provincia"

"Codigo Postal"

"Telefóno"

"Email"

**PEDIDO**

**ENVIAR PEDIDO A**

Fecha de Pedido
Número de Pedido
Comercial
Número de Cliente
Metodo de Pago
Terminos de Pedido
Enviar Via
Fecha de Envio

| Pedido | Cantidad | Descripción de Pedido | Cantidad de Unidad | Precio por Unidad | Precio |
|---|---|---|---|---|---|
| 1 | | | | | |
| 2 | | | | | |
| 3 | | | | | |
| 4 | | | | | |
| 5 | | | | | |
| 6 | | | | | |
| 7 | | | | | |
| 8 | | | | | |
| 9 | | | | | |
| 10 | | | | | |
| | | | | Subtotal | |
| | | | | "%" IVA | |
| | | | | Total | |

# PEDIDO

"Referencia"

"Nombre"

"Dirección"

"Ciudad"

"Provincia"

"Codigo Postal"

"Telefóno"

"Email"

PEDIDO

ENVIAR PEDIDO A

Fecha de Pedido
Número de Pedido
Comercial
Número de Cliente
Metodo de Pago
Terminos de Pedido
Enviar Via
Fecha de Envio

| Pedido | Cantidad | Descripción de Pedido | Cantidad de Unidad | Precio por Unidad | Precio |
|---|---|---|---|---|---|
| 1 | | | | | |
| 2 | | | | | |
| 3 | | | | | |
| 4 | | | | | |
| 5 | | | | | |
| 6 | | | | | |
| 7 | | | | | |
| 8 | | | | | |
| 9 | | | | | |
| 10 | | | | | |
| | | | | Subtotal | |
| | | | | "%" IVA | |
| | | | | Total | |

# PEDIDO

"Referencia"

"Nombre"

"Dirección"

"Ciudad"

"Provincia"

"Codigo Postal"

"Telefóno"

"Email"

PEDIDO

ENVIAR PEDIDO A

Fecha de Pedido
Número de Pedido
Comercial
Número de Cliente
Metodo de Pago
Terminos de Pedido
Enviar Via
Fecha de Envio

| Pedido | Cantidad | Descripción de Pedido | Cantidad de Unidad | Precio por Unidad | Precio |
|---|---|---|---|---|---|
| 1 | | | | | |
| 2 | | | | | |
| 3 | | | | | |
| 4 | | | | | |
| 5 | | | | | |
| 6 | | | | | |
| 7 | | | | | |
| 8 | | | | | |
| 9 | | | | | |
| 10 | | | | | |
| | | | | Subtotal | |
| | | | | "%" IVA | |
| | | | | Total | |

# PEDIDO

"Referencia"

"Nombre"

"Dirección"

"Ciudad"

"Provincia"

"Codigo Postal"

"Telefóno"

"Email"

PEDIDO

ENVIAR PEDIDO A

Fecha de Pedido
Número de Pedido
Comercial
Número de Cliente
Metodo de Pago
Terminos de Pedido
Enviar Via
Fecha de Envio

| Pedido | Cantidad | Descripción de Pedido | Cantidad de Unidad | Precio por Unidad | Precio |
|---|---|---|---|---|---|
| 1 | | | | | |
| 2 | | | | | |
| 3 | | | | | |
| 4 | | | | | |
| 5 | | | | | |
| 6 | | | | | |
| 7 | | | | | |
| 8 | | | | | |
| 9 | | | | | |
| 10 | | | | | |
| | | | | Subtotal | |
| | | | | "%" IVA | |
| | | | | Total | |

# PEDIDO

"Referencia"

"Nombre"

"Dirección"

"Ciudad"

"Provincia"

"Codigo Postal"

"Telefóno"

"Email"

PEDIDO

ENVIAR PEDIDO A

Fecha de Pedido
Número de Pedido
Comercial
Número de Cliente
Metodo de Pago
Terminos de Pedido
Enviar Via
Fecha de Envio

| Pedido | Cantidad | Descripción de Pedido | Cantidad de Unidad | Precio por Unidad | Precio |
|---|---|---|---|---|---|
| 1 | | | | | |
| 2 | | | | | |
| 3 | | | | | |
| 4 | | | | | |
| 5 | | | | | |
| 6 | | | | | |
| 7 | | | | | |
| 8 | | | | | |
| 9 | | | | | |
| 10 | | | | | |
| | | | | Subtotal | |
| | | | | "%" IVA | |
| | | | | Total | |

# PEDIDO

"Referencia"

"Nombre"

"Dirección"

"Ciudad"

"Provincia"

"Codigo Postal"

"Telefóno"

"Email"

| PEDIDO |
| --- |

| ENVIAR PEDIDO A |
| --- |

Fecha de Pedido
Número de Pedido
Comercial
Número de Cliente
Metodo de Pago
Terminos de Pedido
Enviar Via
Fecha de Envio

| Pedido | Cantidad | Descripción de Pedido | Cantidad de Unidad | Precio por Unidad | Precio |
| --- | --- | --- | --- | --- | --- |
| 1 | | | | | |
| 2 | | | | | |
| 3 | | | | | |
| 4 | | | | | |
| 5 | | | | | |
| 6 | | | | | |
| 7 | | | | | |
| 8 | | | | | |
| 9 | | | | | |
| 10 | | | | | |
| | | | | Subtotal | |
| | | | | "%" IVA | |
| | | | | Total | |

# PEDIDO

"Referencia"

"Nombre"

"Dirección"

"Ciudad"

"Provincia"

"Codigo Postal"

"Telefóno"

"Email"

PEDIDO

ENVIAR PEDIDO A

Fecha de Pedido
Número de Pedido
Comercial
Número de Cliente
Metodo de Pago
Terminos de Pedido
Enviar Via
Fecha de Envio

| Pedido | Cantidad | Descripción de Pedido | Cantidad de Unidad | Precio por Unidad | Precio |
|---|---|---|---|---|---|
| 1 | | | | | |
| 2 | | | | | |
| 3 | | | | | |
| 4 | | | | | |
| 5 | | | | | |
| 6 | | | | | |
| 7 | | | | | |
| 8 | | | | | |
| 9 | | | | | |
| 10 | | | | | |
| | | | | Subtotal | |
| | | | | "%" IVA | |
| | | | | Total | |

# PEDIDO

"Referencia"

"Nombre"

"Dirección"

"Ciudad"

"Provincia"

"Codigo Postal"

"Telefóno"

"Email"

PEDIDO

ENVIAR PEDIDO A

Fecha de Pedido
Número de Pedido
Comercial
Número de Cliente
Metodo de Pago
Terminos de Pedido
Enviar Via
Fecha de Envio

| Pedido | Cantidad | Descripción de Pedido | Cantidad de Unidad | Precio por Unidad | Precio |
|---|---|---|---|---|---|
| 1 | | | | | |
| 2 | | | | | |
| 3 | | | | | |
| 4 | | | | | |
| 5 | | | | | |
| 6 | | | | | |
| 7 | | | | | |
| 8 | | | | | |
| 9 | | | | | |
| 10 | | | | | |
| | | | | Subtotal | |
| | | | | "%" IVA | |
| | | | | Total | |

# PEDIDO

"Referencia"

"Nombre"

"Dirección"

"Ciudad"

"Provincia"

"Codigo Postal"

"Telefóno"

"Email"

PEDIDO

ENVIAR PEDIDO A

Fecha de Pedido
Número de Pedido
Comercial
Número de Cliente
Metodo de Pago
Terminos de Pedido
Enviar Via
Fecha de Envio

| Pedido | Cantidad | Descripción de Pedido | Cantidad de Unidad | Precio por Unidad | Precio |
|---|---|---|---|---|---|
| 1 | | | | | |
| 2 | | | | | |
| 3 | | | | | |
| 4 | | | | | |
| 5 | | | | | |
| 6 | | | | | |
| 7 | | | | | |
| 8 | | | | | |
| 9 | | | | | |
| 10 | | | | | |

Subtotal

"%" IVA

Total

# PEDIDO

"Referencia"

"Nombre"

"Dirección"

"Ciudad"

"Provincia"

"Codigo Postal"

"Telefóno"

"Email"

PEDIDO

ENVIAR PEDIDO A

Fecha de Pedido
Número de Pedido
Comercial
Número de Cliente
Metodo de Pago
Terminos de Pedido
Enviar Via
Fecha de Envio

| Pedido | Cantidad | Descripción de Pedido | Cantidad de Unidad | Precio por Unidad | Precio |
|---|---|---|---|---|---|
| 1 | | | | | |
| 2 | | | | | |
| 3 | | | | | |
| 4 | | | | | |
| 5 | | | | | |
| 6 | | | | | |
| 7 | | | | | |
| 8 | | | | | |
| 9 | | | | | |
| 10 | | | | | |
| | | | | Subtotal | |
| | | | | "%" IVA | |
| | | | | Total | |

# PEDIDO

"Referencia"

"Nombre"

"Dirección"

"Ciudad"

"Provincia"

"Codigo Postal"

"Telefóno"

"Email"

**PEDIDO**

**ENVIAR PEDIDO A**

Fecha de Pedido
Número de Pedido
Comercial
Número de Cliente
Metodo de Pago
Terminos de Pedido
Enviar Via
Fecha de Envio

| Pedido | Cantidad | Descripción de Pedido | Cantidad de Unidad | Precio por Unidad | Precio |
|---|---|---|---|---|---|
| 1 | | | | | |
| 2 | | | | | |
| 3 | | | | | |
| 4 | | | | | |
| 5 | | | | | |
| 6 | | | | | |
| 7 | | | | | |
| 8 | | | | | |
| 9 | | | | | |
| 10 | | | | | |
| | | | | Subtotal | |
| | | | | "%" IVA | |
| | | | | Total | |

# PEDIDO

"Referencia"

"Nombre"

"Dirección"

"Ciudad"

"Provincia"

"Codigo Postal"

"Telefóno"

"Email"

PEDIDO

ENVIAR PEDIDO A

Fecha de Pedido
Número de Pedido
Comercial
Número de Cliente
Metodo de Pago
Terminos de Pedido
Enviar Via
Fecha de Envio

| Pedido | Cantidad | Descripción de Pedido | Cantidad de Unidad | Precio por Unidad | Precio |
|--------|----------|-----------------------|--------------------|-------------------|--------|
| 1 | | | | | |
| 2 | | | | | |
| 3 | | | | | |
| 4 | | | | | |
| 5 | | | | | |
| 6 | | | | | |
| 7 | | | | | |
| 8 | | | | | |
| 9 | | | | | |
| 10 | | | | | |
| | | | | Subtotal | |
| | | | | "%" IVA | |
| | | | | Total | |

# PEDIDO

"Referencia"

"Nombre"

"Dirección"

"Ciudad"

"Provincia"

"Codigo Postal"

"Telefóno"

"Email"

PEDIDO

ENVIAR PEDIDO A

Fecha de Pedido
Número de Pedido
Comercial
Número de Cliente
Metodo de Pago
Terminos de Pedido
Enviar Via
Fecha de Envio

| Pedido | Cantidad | Descripción de Pedido | Cantidad de Unidad | Precio por Unidad | Precio |
|---|---|---|---|---|---|
| 1 | | | | | |
| 2 | | | | | |
| 3 | | | | | |
| 4 | | | | | |
| 5 | | | | | |
| 6 | | | | | |
| 7 | | | | | |
| 8 | | | | | |
| 9 | | | | | |
| 10 | | | | | |
| | | | | Subtotal | |
| | | | | "%" IVA | |
| | | | | Total | |

# PEDIDO

"Referencia"

"Nombre"

"Dirección"

"Ciudad"

"Provincia"

"Codigo Postal"

"Telefóno"

"Email"

PEDIDO

ENVIAR PEDIDO A

Fecha de Pedido
Número de Pedido
Comercial
Número de Cliente
Metodo de Pago
Terminos de Pedido
Enviar Via
Fecha de Envio

| Pedido | Cantidad | Descripción de Pedido | Cantidad de Unidad | Precio por Unidad | Precio |
|---|---|---|---|---|---|
| 1 | | | | | |
| 2 | | | | | |
| 3 | | | | | |
| 4 | | | | | |
| 5 | | | | | |
| 6 | | | | | |
| 7 | | | | | |
| 8 | | | | | |
| 9 | | | | | |
| 10 | | | | | |
| | | | | Subtotal | |
| | | | | "%" IVA | |
| | | | | Total | |

# PEDIDO

"Referencia"

"Nombre"

"Dirección"

"Ciudad"

"Provincia"

"Codigo Postal"

"Telefóno"

"Email"

PEDIDO

ENVIAR PEDIDO A

Fecha de Pedido
Número de Pedido
Comercial
Número de Cliente
Metodo de Pago
Terminos de Pedido
Enviar Via
Fecha de Envio

| Pedido | Cantidad | Descripción de Pedido | Cantidad de Unidad | Precio por Unidad | Precio |
|---|---|---|---|---|---|
| 1 | | | | | |
| 2 | | | | | |
| 3 | | | | | |
| 4 | | | | | |
| 5 | | | | | |
| 6 | | | | | |
| 7 | | | | | |
| 8 | | | | | |
| 9 | | | | | |
| 10 | | | | | |
| | | | | Subtotal | |
| | | | | "%" IVA | |
| | | | | Total | |

# PEDIDO

"Referencia"

"Nombre"

"Dirección"

"Ciudad"

"Provincia"

"Codigo Postal"

"Telefóno"

"Email"

PEDIDO

ENVIAR PEDIDO A

Fecha de Pedido
Número de Pedido
Comercial
Número de Cliente
Metodo de Pago
Terminos de Pedido
Enviar Via
Fecha de Envio

| Pedido | Cantidad | Descripción de Pedido | Cantidad de Unidad | Precio por Unidad | Precio |
|---|---|---|---|---|---|
| 1 | | | | | |
| 2 | | | | | |
| 3 | | | | | |
| 4 | | | | | |
| 5 | | | | | |
| 6 | | | | | |
| 7 | | | | | |
| 8 | | | | | |
| 9 | | | | | |
| 10 | | | | | |
| | | | | Subtotal | |
| | | | | "%" IVA | |
| | | | | Total | |

# PEDIDO

"Referencia"

"Nombre"

"Dirección"

"Ciudad"

"Provincia"

"Codigo Postal"

"Telefóno"

"Email"

PEDIDO

ENVIAR PEDIDO A

Fecha de Pedido
Número de Pedido
Comercial
Número de Cliente
Metodo de Pago
Terminos de Pedido
Enviar Via
Fecha de Envio

| Pedido | Cantidad | Descripción de Pedido | Cantidad de Unidad | Precio por Unidad | Precio |
|---|---|---|---|---|---|
| 1 | | | | | |
| 2 | | | | | |
| 3 | | | | | |
| 4 | | | | | |
| 5 | | | | | |
| 6 | | | | | |
| 7 | | | | | |
| 8 | | | | | |
| 9 | | | | | |
| 10 | | | | | |
| | | | | Subtotal | |
| | | | | "%" IVA | |
| | | | | Total | |

# PEDIDO

"Referencia"

"Nombre"

"Dirección"

"Ciudad"

"Provincia"

"Codigo Postal"

"Telefóno"

"Email"

PEDIDO

ENVIAR PEDIDO A

Fecha de Pedido
Número de Pedido
Comercial
Número de Cliente
Metodo de Pago
Terminos de Pedido
Enviar Via
Fecha de Envio

| Pedido | Cantidad | Descripción de Pedido | Cantidad de Unidad | Precio por Unidad | Precio |
|---|---|---|---|---|---|
| 1 | | | | | |
| 2 | | | | | |
| 3 | | | | | |
| 4 | | | | | |
| 5 | | | | | |
| 6 | | | | | |
| 7 | | | | | |
| 8 | | | | | |
| 9 | | | | | |
| 10 | | | | | |
| | | | | Subtotal | |
| | | | | "%" IVA | |
| | | | | Total | |

# PEDIDO

"Referencia"

"Nombre"

"Dirección"

"Ciudad"

"Provincia"

"Codigo Postal"

"Telefóno"

"Email"

PEDIDO

ENVIAR PEDIDO A

Fecha de Pedido
Número de Pedido
Comercial
Número de Cliente
Metodo de Pago
Terminos de Pedido
Enviar Via
Fecha de Envio

| Pedido | Cantidad | Descripción de Pedido | Cantidad de Unidad | Precio por Unidad | Precio |
|---|---|---|---|---|---|
| 1 | | | | | |
| 2 | | | | | |
| 3 | | | | | |
| 4 | | | | | |
| 5 | | | | | |
| 6 | | | | | |
| 7 | | | | | |
| 8 | | | | | |
| 9 | | | | | |
| 10 | | | | | |
| | | | | Subtotal | |
| | | | | "%" IVA | |
| | | | | Total | |

# ORDEN DE TRABAJO

*CLIENTE*

[Dirección]
[Dirección 2]
[Ciudad, código postal]
[Teléfono]
[Fax]

**Número de orden:**

**Fecha:**

**Autorizado por:**

**Transporte:**

**A la atención de:**

**Enviar el:**

| DESCRIPCIÓN | PRECIO |
|---|---|
| | |

| | |
|---|---|
| Subtotal | |
| Impuestos | |
| Impuesto ventas | |
| Otros | |
| **Total** | |

# ORDEN DE TRABAJO

**CLIENTE**

[Dirección]
[Dirección 2]
[Ciudad, código postal]
[Teléfono]
[Fax]

| | |
|---|---|
| Número de orden: | |
| Fecha: | |
| Autorizado por: | |
| Transporte: | |
| A la atención de: | |
| Enviar el: | |

| DESCRIPCIÓN | PRECIO |
|---|---|
| | |

| | |
|---|---|
| Subtotal | |
| Impuestos | |
| Impuesto ventas | |
| Otros | |
| **Total** | |

# ORDEN DE TRABAJO

**CLIENTE**

[Dirección]
[Dirección 2]
[Ciudad, código postal]
[Teléfono]
[Fax]

**Número de orden:**

**Fecha:**

**Autorizado por:**

**Transporte:**

**A la atención de:**

**Enviar el:**

| DESCRIPCIÓN | PRECIO |
| --- | --- |
| | |

| | |
| --- | --- |
| Subtotal | |
| Impuestos | |
| Impuesto ventas | |
| Otros | |
| **Total** | |

# ORDEN DE TRABAJO

**CLIENTE**

[Dirección]
[Dirección 2]
[Ciudad, código postal]
[Teléfono]
[Fax]

| | |
|---|---|
| Número de orden: | |
| Fecha: | |
| Autorizado por: | |
| Transporte: | |
| A la atención de: | |
| Enviar el: | |

| DESCRIPCIÓN | PRECIO |
|---|---|
| | |

| | |
|---|---|
| Subtotal | |
| Impuestos | |
| Impuesto ventas | |
| Otros | |
| **Total** | |

# ORDEN DE TRABAJO

**CLIENTE**

[Dirección]
[Dirección 2]
[Ciudad, código postal]
[Teléfono]
[Fax]

| | |
|---|---|
| **Número de orden:** | |
| **Fecha:** | |
| **Autorizado por:** | |
| **Transporte:** | |
| **A la atención de:** | |
| **Enviar el:** | |

| DESCRIPCIÓN | PRECIO |
|---|---|
| | |

| | |
|---|---|
| Subtotal | |
| Impuestos | |
| Impuesto ventas | |
| Otros | |
| **Total** | |

# ORDEN DE TRABAJO

*CLIENTE*

[Dirección]
[Dirección 2]
[Ciudad, código postal]
[Teléfono]
[Fax]

Número de orden:

Fecha:

Autorizado por:

Transporte:

A la atención de:

Enviar el:

| DESCRIPCIÓN | PRECIO |
| --- | --- |
| | |

Subtotal

Impuestos

Impuesto ventas

Otros

**Total**

# ORDEN DE TRABAJO

*CLIENTE*

[Dirección]
[Dirección 2]
[Ciudad, código postal]
[Teléfono]
[Fax]

| | |
|---|---|
| Número de orden: | |
| Fecha: | |
| Autorizado por: | |
| Transporte: | |
| A la atención de: | |
| Enviar el: | |

| DESCRIPCIÓN | PRECIO |
|---|---|
| | |
| Subtotal | |
| Impuestos | |
| Impuesto ventas | |
| Otros | |
| **Total** | |

# ORDEN DE TRABAJO

*CLIENTE*

Número de orden:

Fecha:

Autorizado por:

Transporte:

A la atención de:

Enviar el:

[Dirección]
[Dirección 2]
[Ciudad, código postal]
[Teléfono]
[Fax]

| DESCRIPCIÓN | PRECIO |
|---|---|
| | |

| | |
|---|---|
| Subtotal | |
| Impuestos | |
| Impuesto ventas | |
| Otros | |
| **Total** | |

# ORDEN DE TRABAJO

**CLIENTE**

| | |
|---|---|
| | **Número de orden:** |
| | **Fecha:** |
| [Dirección] | **Autorizado por:** |
| [Dirección 2] | |
| [Ciudad, código postal] | **Transporte:** |
| [Teléfono] | **A la atención de:** |
| [Fax] | **Enviar el:** |

| DESCRIPCIÓN | PRECIO |
|---|---|
| | |

| | |
|---|---|
| Subtotal | |
| Impuestos | |
| Impuesto ventas | |
| Otros | |
| **Total** | |

# ORDEN DE TRABAJO

**CLIENTE**

[Dirección]
[Dirección 2]
[Ciudad, código postal]
[Teléfono]
[Fax]

| | |
|---|---|
| **Número de orden:** | |
| **Fecha:** | |
| **Autorizado por:** | |
| **Transporte:** | |
| **A la atención de:** | |
| **Enviar el:** | |

| DESCRIPCIÓN | PRECIO |
|---|---|
| | |

| | |
|---|---|
| Subtotal | |
| Impuestos | |
| Impuesto ventas | |
| Otros | |
| **Total** | |

# ORDEN DE TRABAJO

**CLIENTE**

[Dirección]
[Dirección 2]
[Ciudad, código postal]
[Teléfono]
[Fax]

| | |
|---|---|
| Número de orden: | |
| Fecha: | |
| Autorizado por: | |
| Transporte: | |
| A la atención de: | |
| Enviar el: | |

| DESCRIPCIÓN | PRECIO |
|---|---|
| | |

| | |
|---|---|
| Subtotal | |
| Impuestos | |
| Impuesto ventas | |
| Otros | |
| Total | |

# ORDEN DE TRABAJO

**CLIENTE**

[Dirección]
[Dirección 2]
[Ciudad, código postal]
[Teléfono]
[Fax]

**Número de orden:**

**Fecha:**

**Autorizado por:**

**Transporte:**

**A la atención de:**

**Enviar el:**

| DESCRIPCIÓN | PRECIO |
|---|---|
| | |

| | |
|---|---|
| Subtotal | |
| Impuestos | |
| Impuesto ventas | |
| Otros | |
| **Total** | |

# ORDEN DE TRABAJO

<table>
<tr><td>CLIENTE</td><td></td><td>Número de orden:</td></tr>
<tr><td></td><td></td><td>Fecha:</td></tr>
<tr><td>[Dirección]<br>[Dirección 2]<br>[Ciudad, código postal]<br>[Teléfono]<br>[Fax]</td><td></td><td>Autorizado por:<br><br>Transporte:<br><br>A la atención de:<br><br>Enviar el:</td></tr>
</table>

| DESCRIPCIÓN | PRECIO |
|---|---|
|  |  |
| Subtotal |  |
| Impuestos |  |
| Impuesto ventas |  |
| Otros |  |
| **Total** |  |

# ORDEN DE TRABAJO

***CLIENTE***

[Dirección]
[Dirección 2]
[Ciudad, código postal]
[Teléfono]
[Fax]

| | |
|---|---|
| **Número de orden:** | |
| **Fecha:** | |
| **Autorizado por:** | |
| **Transporte:** | |
| **A la atención de:** | |
| **Enviar el:** | |

| DESCRIPCIÓN | PRECIO |
|---|---|
| | |

| | |
|---|---|
| Subtotal | |
| Impuestos | |
| Impuesto ventas | |
| Otros | |
| **Total** | |

# ORDEN DE TRABAJO

*CLIENTE*

[Dirección]
[Dirección 2]
[Ciudad, código postal]
[Teléfono]
[Fax]

| Número de orden: |
| --- |
| Fecha: |
| Autorizado por: |
| Transporte: |
| A la atención de: |
| Enviar el: |

| DESCRIPCIÓN | PRECIO |
| --- | --- |
| | |

| | |
| --- | --- |
| Subtotal | |
| Impuestos | |
| Impuesto ventas | |
| Otros | |
| **Total** | |

# ORDEN DE TRABAJO

**CLIENTE**

[Dirección]
[Dirección 2]
[Ciudad, código postal]
[Teléfono]
[Fax]

| | |
|---|---|
| **Número de orden:** | |
| **Fecha:** | |
| **Autorizado por:** | |
| **Transporte:** | |
| **A la atención de:** | |
| **Enviar el:** | |

| DESCRIPCIÓN | PRECIO |
|---|---|
| | |
| Subtotal | |
| Impuestos | |
| Impuesto ventas | |
| Otros | |
| **Total** | |

# ORDEN DE TRABAJO

*CLIENTE*

| | | Número de orden: |
| --- | --- | --- |
| | | Fecha: |
| [Dirección] | | Autorizado por: |
| [Dirección 2] | | |
| [Ciudad, código postal] | | Transporte: |
| [Teléfono] | | A la atención de: |
| [Fax] | | Enviar el: |

| DESCRIPCIÓN | PRECIO |
| --- | --- |
| | |

| | |
| --- | --- |
| Subtotal | |
| Impuestos | |
| Impuesto ventas | |
| Otros | |
| **Total** | |

# ORDEN DE TRABAJO

**CLIENTE**

[Dirección]
[Dirección 2]
[Ciudad, código postal]
[Teléfono]
[Fax]

| | |
|---|---|
| Número de orden: | |
| Fecha: | |
| Autorizado por: | |
| Transporte: | |
| A la atención de: | |
| Enviar el: | |

| DESCRIPCIÓN | PRECIO |
|---|---|
| | |

| | |
|---|---|
| Subtotal | |
| Impuestos | |
| Impuesto ventas | |
| Otros | |
| **Total** | |

# ORDEN DE TRABAJO

**CLIENTE**

[Dirección]
[Dirección 2]
[Ciudad, código postal]
[Teléfono]
[Fax]

| Número de orden: |
| Fecha: |
| Autorizado por: |
| Transporte: |
| A la atención de: |
| Enviar el: |

| DESCRIPCIÓN | PRECIO |
|---|---|
| | |

| | Subtotal | |
| | Impuestos | |
| | Impuesto ventas | |
| | Otros | |
| | **Total** | |

# ORDEN DE TRABAJO

**CLIENTE**

[Dirección]
[Dirección 2]
[Ciudad, código postal]
[Teléfono]
[Fax]

**Número de orden:**

**Fecha:**

**Autorizado por:**

**Transporte:**

**A la atención de:**

**Enviar el:**

| DESCRIPCIÓN | PRECIO |
|---|---|
| | |
| Subtotal | |
| Impuestos | |
| Impuesto ventas | |
| Otros | |
| **Total** | |

# ORDEN DE TRABAJO

*CLIENTE*

[Dirección]
[Dirección 2]
[Ciudad, código postal]
[Teléfono]
[Fax]

**Número de orden:**

**Fecha:**

**Autorizado por:**

**Transporte:**

**A la atención de:**

**Enviar el:**

| DESCRIPCIÓN | PRECIO |
|---|---|
| | |

| | |
|---|---|
| Subtotal | |
| Impuestos | |
| Impuesto ventas | |
| Otros | |
| **Total** | |

# ORDEN DE TRABAJO

*CLIENTE*

| | Número de orden: |
| --- | --- |
| | Fecha: |

[Dirección]
[Dirección 2]
[Ciudad, código postal]
[Teléfono]
[Fax]

| | |
| --- | --- |
| Autorizado por: | |
| Transporte: | |
| A la atención de: | |
| Enviar el: | |

| DESCRIPCIÓN | PRECIO |
| --- | --- |
| | |

| | |
| --- | --- |
| Subtotal | |
| Impuestos | |
| Impuesto ventas | |
| Otros | |
| **Total** | |

# ORDEN DE TRABAJO

*CLIENTE*

[Dirección]
[Dirección 2]
[Ciudad, código postal]
[Teléfono]
[Fax]

| | |
|---|---|
| Número de orden: | |
| Fecha: | |
| Autorizado por: | |
| Transporte: | |
| A la atención de: | |
| Enviar el: | |

| DESCRIPCIÓN | PRECIO |
|---|---|
| | |

| | |
|---|---|
| Subtotal | |
| Impuestos | |
| Impuesto ventas | |
| Otros | |
| **Total** | |

# ORDEN DE TRABAJO

**CLIENTE**

[Dirección]
[Dirección 2]
[Ciudad, código postal]
[Teléfono]
[Fax]

| Número de orden: |
| Fecha: |
| Autorizado por: |
| Transporte: |
| A la atención de: |
| Enviar el: |

| DESCRIPCIÓN | PRECIO |
| --- | --- |
| | |

| | |
| --- | --- |
| Subtotal | |
| Impuestos | |
| Impuesto ventas | |
| Otros | |
| **Total** | |

# ORDEN DE TRABAJO

*CLIENTE*

| | | Número de orden: |
| --- | --- | --- |
| | | Fecha: |
| [Dirección] | | Autorizado por: |
| [Dirección 2] | | |
| [Ciudad, código postal] | | |
| [Teléfono] | | Transporte: |
| [Fax] | | A la atención de: |
| | | Enviar el: |

| DESCRIPCIÓN | PRECIO |
| --- | --- |
| | |

| | |
| --- | --- |
| Subtotal | |
| Impuestos | |
| Impuesto ventas | |
| Otros | |
| **Total** | |

# ORDEN DE TRABAJO

**CLIENTE**

[Dirección]
[Dirección 2]
[Ciudad, código postal]
[Teléfono]
[Fax]

| | |
|---|---|
| Número de orden: | |
| Fecha: | |
| Autorizado por: | |
| Transporte: | |
| A la atención de: | |
| Enviar el: | |

| DESCRIPCIÓN | PRECIO |
|---|---|
| | |

| | |
|---|---|
| Subtotal | |
| Impuestos | |
| Impuesto ventas | |
| Otros | |
| **Total** | |

# ORDEN DE TRABAJO

*CLIENTE*

| | Número de orden: |
| --- | --- |
| | Fecha: |
| | Autorizado por: |
| | Transporte: |
| | A la atención de: |
| | Enviar el: |

[Dirección]
[Dirección 2]
[Ciudad, código postal]
[Teléfono]
[Fax]

| DESCRIPCIÓN | PRECIO |
| --- | --- |
| | |

| | |
| --- | --- |
| Subtotal | |
| Impuestos | |
| Impuesto ventas | |
| Otros | |
| **Total** | |

# ORDEN DE TRABAJO

*CLIENTE*

[Dirección]
[Dirección 2]
[Ciudad, código postal]
[Teléfono]
[Fax]

| | |
|---|---|
| **Número de orden:** | |
| **Fecha:** | |
| **Autorizado por:** | |
| **Transporte:** | |
| **A la atención de:** | |
| **Enviar el:** | |

| DESCRIPCIÓN | PRECIO |
|---|---|
| | |

| | |
|---|---|
| Subtotal | |
| Impuestos | |
| Impuesto ventas | |
| Otros | |
| **Total** | |

# ORDEN DE TRABAJO

**CLIENTE**

[Dirección]
[Dirección 2]
[Ciudad, código postal]
[Teléfono]
[Fax]

| | |
|---|---|
| **Número de orden:** | |
| **Fecha:** | |
| **Autorizado por:** | |
| **Transporte:** | |
| **A la atención de:** | |
| **Enviar el:** | |

| DESCRIPCIÓN | PRECIO |
|---|---|
| | |

| | |
|---|---|
| Subtotal | |
| Impuestos | |
| Impuesto ventas | |
| Otros | |
| **Total** | |

# ORDEN DE TRABAJO

**CLIENTE**

[Dirección]
[Dirección 2]
[Ciudad, código postal]
[Teléfono]
[Fax]

**Número de orden:**

**Fecha:**

**Autorizado por:**

**Transporte:**

**A la atención de:**

**Enviar el:**

| DESCRIPCIÓN | PRECIO |
|---|---|
|  |  |

| | |
|---|---|
| Subtotal |  |
| Impuestos |  |
| Impuesto ventas |  |
| Otros |  |
| **Total** |  |

# ORDEN DE TRABAJO

**CLIENTE**

[Dirección]
[Dirección 2]
[Ciudad, código postal]
[Teléfono]
[Fax]

**Número de orden:**

**Fecha:**

**Autorizado por:**

**Transporte:**

**A la atención de:**

**Enviar el:**

| DESCRIPCIÓN | PRECIO |
|---|---|
| | |

| | |
|---|---|
| Subtotal | |
| Impuestos | |
| Impuesto ventas | |
| Otros | |
| **Total** | |

# ORDEN DE TRABAJO

***CLIENTE***

[Dirección]
[Dirección 2]
[Ciudad, código postal]
[Teléfono]
[Fax]

**Número de orden:**

**Fecha:**

**Autorizado por:**

**Transporte:**

**A la atención de:**

**Enviar el:**

| DESCRIPCIÓN | PRECIO |
|---|---|
|  |  |

|  |  |
|---|---|
| Subtotal |  |
| Impuestos |  |
| Impuesto ventas |  |
| Otros |  |
| **Total** |  |

# ORDEN DE TRABAJO

**CLIENTE**

[Dirección]
[Dirección 2]
[Ciudad, código postal]
[Teléfono]
[Fax]

| Número de orden: |
| Fecha: |
| Autorizado por: |
| Transporte: |
| A la atención de: |
| Enviar el: |

| DESCRIPCIÓN | PRECIO |
| --- | --- |
| | |

| | |
| --- | --- |
| Subtotal | |
| Impuestos | |
| Impuesto ventas | |
| Otros | |
| **Total** | |

# ORDEN DE TRABAJO

**CLIENTE**

[Dirección]
[Dirección 2]
[Ciudad, código postal]
[Teléfono]
[Fax]

| | |
|---|---|
| Número de orden: | |
| Fecha: | |
| Autorizado por: | |
| Transporte: | |
| A la atención de: | |
| Enviar el: | |

| DESCRIPCIÓN | PRECIO |
|---|---|
| | |
| Subtotal | |
| Impuestos | |
| Impuesto ventas | |
| Otros | |
| **Total** | |

# ORDEN DE TRABAJO

**CLIENTE**

[Dirección]
[Dirección 2]
[Ciudad, código postal]
[Teléfono]
[Fax]

**Número de orden:**

**Fecha:**

**Autorizado por:**

**Transporte:**

**A la atención de:**

**Enviar el:**

| DESCRIPCIÓN | PRECIO |
|---|---|
|  |  |

| | |
|---|---|
| Subtotal | |
| Impuestos | |
| Impuesto ventas | |
| Otros | |
| **Total** | |

# ORDEN DE TRABAJO

*CLIENTE*

[Dirección]
[Dirección 2]
[Ciudad, código postal]
[Teléfono]
[Fax]

| | |
|---|---|
| Número de orden: | |
| Fecha: | |
| Autorizado por: | |
| Transporte: | |
| A la atención de: | |
| Enviar el: | |

| DESCRIPCIÓN | PRECIO |
|---|---|
| | |

| | |
|---|---|
| Subtotal | |
| Impuestos | |
| Impuesto ventas | |
| Otros | |
| **Total** | |

# ORDEN DE TRABAJO

**CLIENTE**

[Dirección]
[Dirección 2]
[Ciudad, código postal]
[Teléfono]
[Fax]

| | |
|---|---|
| Número de orden: | |
| Fecha: | |
| Autorizado por: | |
| Transporte: | |
| A la atención de: | |
| Enviar el: | |

| DESCRIPCIÓN | PRECIO |
|---|---|
| | |

| | |
|---|---|
| Subtotal | |
| Impuestos | |
| Impuesto ventas | |
| Otros | |
| **Total** | |

# ORDEN DE TRABAJO

*CLIENTE*

[Dirección]
[Dirección 2]
[Ciudad, código postal]
[Teléfono]
[Fax]

| Número de orden: |
| --- |
| Fecha: |
| Autorizado por: |
| Transporte: |
| A la atención de: |
| Enviar el: |

| DESCRIPCIÓN | PRECIO |
| --- | --- |
| | |
| Subtotal | |
| Impuestos | |
| Impuesto ventas | |
| Otros | |
| **Total** | |

# ORDEN DE TRABAJO

*CLIENTE*

[Dirección]
[Dirección 2]
[Ciudad, código postal]
[Teléfono]
[Fax]

| | |
|---|---|
| **Número de orden:** | |
| **Fecha:** | |
| **Autorizado por:** | |
| **Transporte:** | |
| **A la atención de:** | |
| **Enviar el:** | |

| DESCRIPCIÓN | PRECIO |
|---|---|
| | |
| Subtotal | |
| Impuestos | |
| Impuesto ventas | |
| Otros | |
| **Total** | |

# ORDEN DE TRABAJO

**CLIENTE**

[Dirección]
[Dirección 2]
[Ciudad, código postal]
[Teléfono]
[Fax]

**Número de orden:**

**Fecha:**

**Autorizado por:**

**Transporte:**

**A la atención de:**

**Enviar el:**

| DESCRIPCIÓN | PRECIO |
|---|---|
| | |

| | |
|---|---|
| Subtotal | |
| Impuestos | |
| Impuesto ventas | |
| Otros | |
| **Total** | |

## Control Pedidos y orden de trabajos

| Referencia de pedido | Orden de trabajo | Cliente | Fecha de cobro | Cantidad | Comentarios |
|---|---|---|---|---|---|
|  |  |  |  |  |  |
|  |  |  |  |  |  |
|  |  |  |  |  |  |
|  |  |  |  |  |  |
|  |  |  |  |  |  |
|  |  |  |  |  |  |
|  |  |  |  |  |  |
|  |  |  |  |  |  |
|  |  |  |  |  |  |
|  |  |  |  |  |  |
|  |  |  |  |  |  |
|  |  |  |  |  |  |
|  |  |  |  |  |  |
|  |  |  |  |  |  |
|  |  |  |  |  |  |
|  |  |  |  |  |  |
|  |  |  |  |  |  |
|  |  |  |  |  |  |
|  |  |  |  |  |  |
|  |  |  |  |  |  |

## Control Pedidos y orden de trabajos

| Referencia de pedido | Orden de trabajo | Cliente | Fecha de cobro | Cantidad | Comentarios |
|---|---|---|---|---|---|
|  |  |  |  |  |  |
|  |  |  |  |  |  |
|  |  |  |  |  |  |
|  |  |  |  |  |  |
|  |  |  |  |  |  |
|  |  |  |  |  |  |
|  |  |  |  |  |  |
|  |  |  |  |  |  |
|  |  |  |  |  |  |
|  |  |  |  |  |  |
|  |  |  |  |  |  |
|  |  |  |  |  |  |
|  |  |  |  |  |  |
|  |  |  |  |  |  |
|  |  |  |  |  |  |
|  |  |  |  |  |  |
|  |  |  |  |  |  |

## Control Pedidos y orden de trabajos

| Referencia de pedido | Orden de trabajo | Cliente | Fecha de cobro | Cantidad | Comentarios |
|---|---|---|---|---|---|
|  |  |  |  |  |  |
|  |  |  |  |  |  |
|  |  |  |  |  |  |
|  |  |  |  |  |  |
|  |  |  |  |  |  |
|  |  |  |  |  |  |
|  |  |  |  |  |  |
|  |  |  |  |  |  |
|  |  |  |  |  |  |
|  |  |  |  |  |  |
|  |  |  |  |  |  |
|  |  |  |  |  |  |
|  |  |  |  |  |  |
|  |  |  |  |  |  |
|  |  |  |  |  |  |
|  |  |  |  |  |  |
|  |  |  |  |  |  |
|  |  |  |  |  |  |

## Control Pedidos y orden de trabajos

| Referencia de pedido | Orden de trabajo | Cliente | Fecha de cobro | Cantidad | Comentarios |
| --- | --- | --- | --- | --- | --- |
|  |  |  |  |  |  |
|  |  |  |  |  |  |
|  |  |  |  |  |  |
|  |  |  |  |  |  |
|  |  |  |  |  |  |
|  |  |  |  |  |  |
|  |  |  |  |  |  |
|  |  |  |  |  |  |
|  |  |  |  |  |  |
|  |  |  |  |  |  |
|  |  |  |  |  |  |
|  |  |  |  |  |  |
|  |  |  |  |  |  |
|  |  |  |  |  |  |
|  |  |  |  |  |  |
|  |  |  |  |  |  |
|  |  |  |  |  |  |
|  |  |  |  |  |  |
|  |  |  |  |  |  |

## Control Pedidos y orden de trabajos

| Referencia de pedido | Orden de trabajo | Cliente | Fecha de cobro | Cantidad | Comentarios |
| --- | --- | --- | --- | --- | --- |
|  |  |  |  |  |  |
|  |  |  |  |  |  |
|  |  |  |  |  |  |
|  |  |  |  |  |  |
|  |  |  |  |  |  |
|  |  |  |  |  |  |
|  |  |  |  |  |  |
|  |  |  |  |  |  |
|  |  |  |  |  |  |
|  |  |  |  |  |  |
|  |  |  |  |  |  |
|  |  |  |  |  |  |
|  |  |  |  |  |  |
|  |  |  |  |  |  |
|  |  |  |  |  |  |
|  |  |  |  |  |  |
|  |  |  |  |  |  |
|  |  |  |  |  |  |
|  |  |  |  |  |  |
|  |  |  |  |  |  |

## Control Pedidos y orden de trabajos

| Referencia de pedido | Orden de trabajo | Cliente | Fecha de cobro | Cantidad | Comentarios |
|---|---|---|---|---|---|
|  |  |  |  |  |  |
|  |  |  |  |  |  |
|  |  |  |  |  |  |
|  |  |  |  |  |  |
|  |  |  |  |  |  |
|  |  |  |  |  |  |
|  |  |  |  |  |  |
|  |  |  |  |  |  |
|  |  |  |  |  |  |
|  |  |  |  |  |  |
|  |  |  |  |  |  |
|  |  |  |  |  |  |
|  |  |  |  |  |  |
|  |  |  |  |  |  |
|  |  |  |  |  |  |
|  |  |  |  |  |  |
|  |  |  |  |  |  |